Heidrun und Hans H. Röhr

Starthilfe ins Eheglück

Geldgeschenke zur Hochzeit

frechverlag

Arbeitshinweise

♥ Die Motive für die vorgestellten Papierarbeiten finden Sie alle in Originalgröße auf dem Vorlagenbogen, ebenso die Anleitungen zum Falten von Geldscheinen. Meistens müssen Sie zunächst von dem gewünschten Motiv eine Schablone anfertigen. Dieses wird dazu vom Vorlagenbogen abfotokopiert (oder mit Transparentpapier abgepaust oder mit Kohlepapier direkt übertragen) und flächig auf einen dünnen Karton geklebt. Anschließend wird die Schablone sauber ausgeschnitten. Ein Motiv oder eine ganze Serie lässt sich damit leicht herstellen. Sie legen die Schablone jeweils auf das benötigte Material in der gewünschten Farbe und umfahren dann den Rand mit einem gut gespitzten Bleistift (senkrecht halten!). Anschließend werden die Motive ausgeschnitten.

♥ Für alle Papierarbeiten brauchen Sie eine gute Schere; für stark gekrümmte Schnitte eignet sich eine Nagelschere. Lange, gerade Schnitte führen Sie am besten mit Lineal und einem Cutter (Messer mit Abbrechklinge) auf einer dicken Kartonunterlage aus.

♥ Wenn Sie eine Doppelkarte herstellen, dann ritzen Sie den Falz vor dem Falten auf der Rückseite z.B. mit einem Besteckmesser und einem Lineal leicht ein.

♥ Für alle Arbeiten benötigen Sie einen guten Klebstoff (z.B. UHU Alleskleber tropffrei). Oft muss auch mit Heißkleber aus einer Klebepistole gearbeitet werden. Für Klebungen mit Abstand sind Klebepads oder kleine, beidseitig verklebte Stücke aus dicker Wellpappe gut geeignet.

♥ Alle Materialangaben sind als Vorschläge und Anregungen gedacht; die Bastelarbeiten gelingen genauso gut, wenn Sie Teile oder Farben abwandeln. Beim Einkauf von Papier, Bändern und Deko-Teilen sollten Sie flexibel und kreativ sein und die Materialien kaufen, die Ihnen am meisten zusagen. Die Deko-Materialien erhalten Sie überwiegend in Ihrem Bastelgeschäft.

Fotos: frechverlag GmbH + Co. Druck KG, 70499 Stuttgart;
Fotostudio Ullrich & Co., Renningen

Dieses Buch enthält:
1 Vorlagenbogen

Materialangaben und Arbeitshinweise in diesem Buch wurden von den Autoren und den Mitarbeitern des Verlags sorgfältig geprüft. Eine Garantie wird jedoch nicht übernommen. Autoren und Verlag können für eventuell auftretende Fehler oder Schäden nicht haftbar gemacht werden. Das Werk und die darin gezeigten Modelle sind urheberrechtlich geschützt. Die Vervielfältigung und Verbreitung ist, außer für private, nicht kommerzielle Zwecke, untersagt und wird zivil- und strafrechtlich verfolgt. Dies gilt insbesondere für eine Verbreitung des Werkes durch Film, Funk und Fernsehen, Fotokopien oder Videoaufzeichnungen sowie für eine gewerbliche Nutzung der gezeigten Modelle.

Auflage: 6. 5. 4. 3. 2. | Letzte Zahlen
Jahr: 2004 2003 2002 2001 2000 | maßgebend

© 1999

ISBN 3-7724-2446-5 · Best.-Nr. 2446

frechverlag GmbH + Co. Druck KG, 70499 Stuttgart
Druck: frechverlag GmbH + Co. Druck KG, 70499 Stuttgart

Geld oder Liebe?

Diese beliebte Frage stellt sich hier nicht. Ein Paar will heiraten und liebe Freunde oder Verwandte wollen dazu Geld schenken. Dekorativ verpacktes Startkapital, am Polterabend mitgebracht oder am Hochzeitsfest überreicht - damit schaffen Sie eine gute Grundlage für einen gelungenen Anfang zu zweit.

Ob Sie sich auf Hochzeitsbräuche beziehen, einen witzigen Spruch auswählen oder individuelle Geschenke mit Geld oder einem Gutschein verzieren - in diesem Buch finden Sie in jedem Fall für jeden Stil und Geschmack das Passende.

Scherben bringen Glück

Material:
- Deckel eines Schuhkartons
- Geschenkpapier in Schwarz, ca. 30 cm x 35 cm
- Glanzpapier in Schwarz, ca. 5 cm x 10 cm
- Kleiner Handfeger und Kehrschaufel in Rot (Spielwarengeschäft)
- Scherben aus weißem Steingut (z.B. Teller, Übertopf)
- Ca. 40 cm Tüllband in Schwarz, 8 cm breit
- Ca. 40 cm Kordel in Schwarz
- Ca. 30 cm Satinband in Rot, 0,5 mm breit
- TERRAKOTTA-PENS (von Hobbidee) in Rot und Schwarz, 6 mm breit
- Klebepads; Klebstoff oder Heißkleber
- Geldstücke

Auf insgesamt 9 Scherben mit rotem TERRAKOTTA-PEN je einen roten Punkt malen und gut trocknen lassen.
Dann mit dem schwarzen TERRAKOTTA-PEN einen Buchstaben von „Viel Glück" auf je einen Kreis aufmalen.
Den Deckel des Schuhkartons mit schwarzem Geschenkpapier auskleiden, an den Seiten festkleben.
Geldstücke und Scherben mit Klebepads oder Heißkleber im Deckel fixieren, Handfeger und Schaufel arrangieren.
Schwarzes Glanzpapier in kleine Falten legen und zu einem Fächer formen.
Aus Tüllband eine große Schleife legen, mit rotem Satinband verknoten, mit der schwarzen Kordel zusammen mit dem Fächer am Schaufelstiel anbringen.

TIPP: Dieses Geschenk in einer Zellophanhülle verschenken!

Scherben bringen Glück

Material:
- Kleiner Besen mit Holzstiel (Spielwarengeschäft)
- Deko-Sonnenblume mit Stiel
- 5 kleine Deko-Sonnenblumenblüten ohne Stiele
- Tonscherben (Blumentopf)
- Ca. 4 m Satinband in Dunkelgrün, 1,5 cm breit
- Ca. 50 cm Satinband in Dunkelgrün, 0,5 cm breit
- Ca. 80 cm Gitterband aus Rupfen in Dunkelgrün, 8 cm breit
- Ca. 60 cm Zierband mit Sonnenblumen, 4 cm breit
- TERRAKOTTA-PEN (von Hobbidee) in Grün, 6 mm breit
- Heißkleber, Klebepads, Reißnägel, Hammer
- Fünf 20 DM-Scheine

Insgesamt 20 Tonscherben und drei kleine Sonnenblumen mit Heißkleber auf drei Stücke des breiten Satinbandes kleben, dann den Schriftzug „Scherben bringen Glück" mit dem grünen TERRAKOTTA-PEN aufmalen. In der Mitte des Besens die Bandenden unter den Borsten durchziehen und auf der Rückseite mit je einem Reißnagel sichern. Links und rechts davon ein weiteres Band anbringen und mit zwei kleinen Blüten und einigen Scherben verzieren. Geldscheine aufrollen, mit schmalem grünen Band sichern und mit Klebepads an den Bändern fixieren. Aus den breiten Schmuckbändern je eine Schleife legen, mit grünem Satinband verknoten und zusammen mit der großen Sonnenblume am Besenstiel festbinden.

Geldregen

Material:
- Braune Bodenfliese, ca. 30 cm x 30 cm
- Kleine Zinkgießkanne
- Kleiner Zinkeimer
- Deko-Sonnenblumen
- Deko-Efeuzweig
- Deko-Zaun, ca. 120 cm lang
- 2 Zweige
- Einige mittelgroße Kieselsteine
- Ca. 150 cm Rupfenband in Braun, 15 cm breit
- Blumendraht, 1 mm stark
- Bast in Natur
- Schreibmaschinenpapier
- Heißkleber, Klebefilm, Zange (Seitenschneider)
- Drei 10 DM-Scheine

Ein gerades Stück Blumendraht mit Klebefilm der Länge nach an den Rand eines Geldscheines kleben. Geldschein eng um den Blumendraht herumwickeln und mit Klebefilm fixieren, dann zu „Wasserstrahlen" biegen und ein Ende des Drahtes in Gießkannenbrause stecken, das andere Ende mit Zange bündig abschneiden.
Kieselsteine auf der Fliese arrangieren, Gießkanne mit Bastschleife und Sonnenblume verzieren, auf die Steine stellen und alles mit Heißkleber verkleben.

Sonnenblumenstrauß in Eimer stellen, Efeuzweig mit Heißkleber auf Bodenplatte festkleben.
Zaun mit Heißkleber auf Fliese befestigen, Glückwunschbanner aus Schreibmaschinenpapier (evtl. Computerausdruck) an zwei Zweigen am Eingangstor anbringen.
Bodenplatte mit braunem Rupfenband außen umschlingen, an einigen Stellen ankleben.

Salz und Pfeffer

Material:
- Wellpappe in Schwarz, 21 cm x 21 cm
- Kokos-Schöpfpapier in Schwarz, 18 cm x 18 cm
- Spiegelkachel, 15 cm x 15 cm
- Salz- und Pfefferstreuer aus Glas, gefüllt mit je einem 100 DM-Schein
- 2 kleine Holzherzen in Rot
- Lackstift in Rot
- Ca. 25 cm Satinband in Weiß, 3 mm breit
- Ca. 40 cm Organzaband in Weiß, 4 cm breit
- Deko-Zylinder in Schwarz, ø ca. 2 cm
- Klebepads, Klebstoff

Kokos-Schöpfpapier flächig auf Wellpappe kleben, Spiegelkachel mit Klebepads darauf setzen.
Aus dem Organzaband eine große Schleife legen, das weiße Satinband darum schlingen und damit am Salzstreuer festbinden. Beide Streuer mit Klebepads aufsetzen.
Glückwunschtext mit rotem Lackstift auf Kachel schreiben, die zwei kleinen roten Herzen dazu kleben.
Zylinder ebenfalls mit Klebstoff fixieren.

Gut gepolstert

Material:
- ♥ Schatztruhe aus Pappe, ca. 12 cm x 8,5 cm
- ♥ Füllwatte und weiße Federn
- ♥ Ca. 10 cm x 20 cm Satinstoff in Weiß
- ♥ Zwei Störche im Nest (Dekobedarf)
- ♥ Ca. 50 cm Spitzenborte mit Perlen in Weiß, 2,5 cm breit
- ♥ Ca. 20 cm dünne Kordel in Weiß
- ♥ Ca. 1 m Satinband in Weiß, 1 cm breit
- ♥ Tonkarton in Weiß, ca. 4,5 cm x 8 cm
- ♥ Silberstift, extrafein
- ♥ Klebepads, Klebstoff
- ♥ Ein 500 DM-Schein

Aus dem Satin ein kleines Kissen (ca. 8 cm x 8 cm) nähen (eine Seite sollte offen bleiben) und mit Watte ausstopfen.
Spitzenborte um Schatztruhe kleben.
Die dünne weiße Kordel so zwischen Unterteil und Deckel der Truhe kleben, dass der Deckel halb geöffnet bleibt.
Den Geldschein passend zusammenfalten, in den Deckel klemmen (evtl. mit Klebepads fixieren).
Truhe mit Watte füllen, mit Federn verzieren, das Kissen auflegen und mit weißem Satinband sichern.
Das Storchennest mit Klebepad auf dem Kissen fixieren. Glückwünsche auf kleine Karte schreiben, an Bandende festkleben.

Allzeit guten Wind...

Material:
- ❤ Tonkarton in Weiß, 21 cm x 29,5 cm, mittig zu einer Doppelkarte gefalzt
- ❤ Tonkarton in Blau
- ❤ Fotokarton in Rot-Weiß gestreift
- ❤ Strohseide in Blau
- ❤ Ca. 70 cm weiße Kordel
- ❤ Schaschlikspieß
- ❤ Silberstift, extrafein
- ❤ Klebepads, Klebefilm
- ❤ Zwei 100 DM-Scheine

Aus der Doppelkarte einen dreieckigen Ausschnitt mit Cutter und Lineal ausschneiden.
Die beiden 100 DM-Scheine passend falten, mit Klebefilm zusammenkleben und hinter den Ausschnitt kleben.
Aus der blauen Strohseide einen gewellten Streifen schneiden und unten auf die Karte kleben.
Die Einzelteile des Bootes aus blauem Tonkarton herstellen, dann Ruder und Mast hinter den Rumpf kleben.
Unter den Mast einen Schaschlikspieß kleben, dann Boot mit Klebepads aufkleben.
Wimpel und Rettungsring ausschneiden und ankleben.
Ein passendes Stück weiße Kordel um den Kartenausschnitt und den Mast herumkleben, die Enden durch den Rettungsring ziehen und abschneiden.
Aus weißem Tonkarton die Wolke ausschneiden, mit Silberstift beschriften und mit Klebepads auf die Karte setzen.

Klassisch schön

Material:
- ❤ Doppelkarte aus weißer Wellpappe, 24 cm x 17 cm, mittig gefalzt
- ❤ Hologrammfolie (selbstklebend) mit Kreismuster, 11 cm x 15,5 cm
- ❤ Tonkarton in Weiß, 10 cm x 14,5 cm und 2 cm x 5 cm
- ❤ Glanzkarton in Schwarz
- ❤ Glanzkarton in Rot
- ❤ Motivlocher Herz bzw. Muster vom Vorlagenbogen
- ❤ Ca. 25 cm Satinband in Weiß, 3 mm breit
- ❤ Ca. 40 cm weißes Tüllband, 8 cm breit
- ❤ Weiße Rose aus Stoff
- ❤ Silberstift, extrafein
- ❤ Klebepads, Klebefilm
- ❤ Ein 100 DM-Schein

Hologrammfolie und weißen Tonkarton übereinander auf Wellpappe-Doppelkarte kleben.
Zylinder aus schwarzem Glanzkarton ausschneiden.
Geldschein zusammenfalten und als Band um den Zylinder legen, hinten mit Klebefilm fixieren.
Aus rotem Glanzkarton zwei Herzen stanzen oder ausschneiden.
Das breite Tüllband um den Rosenstiel legen, mit Schleife aus schmalem Band festknoten und die zwei Herzchen darauf kleben.
Das Schild von ca. 2 cm x 5 cm aus weißem Tonkarton beschriften.
Alle Teile auf der Karte arrangieren und mit Klebepads fixieren.

Lachendes Bargeld

Material:
- ♥ Terrakotta-Topf, ø ca. 14 cm
- ♥ Sand zum Füllen (z.B Vogelsand)
- ♥ Ca. 40 cm Blumendraht, 2 mm dick
- ♥ Krepppapier in Grün
- ♥ Wellpappe in Weiß und Grün
- ♥ Glanzkarton in Gelb
- ♥ 2 Wackelaugen, ø 8 mm
- ♥ Lackstift in Schwarz
- ♥ Ca. 1 m Organzaband mit weiß-gelben Blütenmotiven, 7 cm breit
- ♥ Ca. 30 cm Satinband in Gelb, 1,5 cm breit
- ♥ Evtl. Steckschaum
- ♥ Heißkleber, Geldstücke

Die weiße Blüte aus Wellpappe und den gelben Innenkreis aus Glanzkarton ausschneiden und zusammenkleben.
Wackelaugen aufkleben, mit schwarzem Lackstift Mund aufmalen.
Aus grünem Krepppapier einen langen, ca. 2 cm breiten Streifen abschneiden, am Ende des Drahtes festkleben und diesen damit komplett umwickeln.
Zwei Blätter aus grüner Wellpappe ausschneiden und ebenso wie die Blüte mit Heißkleber an den Stiel kleben.
Blume in Topf stecken (evtl. unten ein Stück Steckschaum einkleben), mit Sand auffüllen, Geldstücke hineinlegen.
Um den Topfrand einen Streifen Blumenband legen und mit Heißkleber fixieren.
Aus dem Blumenband eine große Schleife legen, mit gelbem Satinband zusammenbinden und mit Heißkleber ansetzen. Einen Kartenstecker aus gelbem Glanzkarton ausschneiden, mit Glückwünschen beschriften und einstecken.

Geld wie Heu

Material:
- ♥ Rundes Brett aus Holz, ø ca. 24 cm (z. B. Vesperbrett)
- ♥ Schubkarre aus Holz und zwei Heugabeln (Bastelgeschäft)
- ♥ Deko-Heuballen
- ♥ Heu (z. B. aus der Zoohandlung)
- ♥ Alu-Bastelkarton in Grün und Silber
- ♥ 4 Wackelaugen, ø 5 mm
- ♥ Ca. 25 cm dünne Kordel in Silber
- ♥ Ca. 40 cm Satinband in Grün, 1,5 cm breit
- ♥ Tonkarton in Grün, 3 cm x 7 cm
- ♥ Silberstift, extrafein
- ♥ Feiner Silberdraht und Stecknadel
- ♥ Klebstoff
- ♥ Einige 20 DM-Scheine, mit Naturbast zusammengebunden

Die Mäuse aus grünem Glanzkarton ausschneiden, ebenso die silbernen Kreise für die Ohren.

Die Körper der Mäuse mittig falzen und mithilfe der überstehenden Kleberänder hinten zusammenkleben.
Ohren ebenfalls formen und auf der Maus festkleben.
Für die Barthaare passende Stücke Silberdraht zuschneiden, die Schnauze mit Stecknadel vorlochen und Draht durchziehen.
Wackelaugen festkleben, Schwanz aus silberner Kordel einkleben. Das Brett mit Heu bestreuen, zusammengerollte Geldscheine an die Heugabel stecken und ins Heu legen, Schubkarre mit dem Heuballen beladen und ebenso wie die beiden Mäuse mit ein paar Tropfen Klebstoff auf die Platte kleben. Glückwunsch auf Schild aus grünem Tonkarton schreiben, lochen und mit Silberkordel anbinden, grünes Satinband an der Schubkarre festknoten.

TIPP: Dieses Geschenk (und viele andere auch) lässt sich besonders effektvoll überreichen, wenn Sie es mit einer Zellophanhülle versehen!

Schatzsuche im Laub

Material:
- Flache Holzkiste (Obstkiste oder großer Schuhkarton)
- Frisches Laub (z.B. Eichenlaub)
- 2 kleine Massagebürsten, ca. 7 cm lang
- Tonkarton in Braun
- 2 Stecknadeln mit schwarzem Kopf
- 4 Wackelaugen, ø 5 mm
- Deko-Zylinder, ø ca. 2 cm
- Ca. 20 cm und 60 cm Satinband in Rot, 3 mm breit
- Ca. 20 cm Satinband in Rot, 1 cm breit
- Ca. 20 cm dünne Kordel in Rot
- Ca. 60 cm Band in Rot mit weißen Tupfen, 4 cm breit
- Ca. 60 cm Tüllband in Rot, 10 cm breit
- Klebepads, Klebstoff
- Einige 20 DM-Scheine

Die beiden Igelköpfe aus braunem Tonkarton ausschneiden, zu je einer Tüte zusammenrollen, zusammenkleben, dann Spitze abschneiden.
Stecknadel als Nasenspitze einstecken und von innen verkleben, Wackelaugen aufkleben.
Den fertigen Kopf an Bürste ansetzen, unten mit Klebepad fixieren.
Die „Igelfrau" mit einer Schleife aus dem 1 cm breiten roten Band schmücken.
Für den „Igelmann" den Zylinder auf ein ca. 20 cm langes Stück des schmalen roten Bandes aufkleben, aufsetzen und unten verknoten.
Das Laub und die Geldscheine in der Kiste verteilen, Igel darauf arrangieren.
Aus Tüll- und Tupfenband eine Doppelschleife legen, mit Kordel zusammenbinden und dann mit schmalem Satinband an der Kiste fixieren.

Ohne Moos nix los

Material:
- Metalltablett, ø ca. 40 cm (z. B. Aufschnittplatte)
- 2 Marienkäfer-Stabfiguren aus Holz (Bastelgeschäft)
- Ca. 2 cm Satinband in Rot, 3 mm breit
- Moos
- Steckschaum
- 3 Teelichter
- Tonkarton in Grün, 4,5 cm x 7 cm
- Zahnstocher
- Silberstift, extrafein
- Heißkleber, Messer
- Geldstücke

Den Steckschaum an der Stelle des Tabletts mit Heißkleber fixieren, an der später die Stecker eingesteckt werden sollen und mit Moos zudecken.

Weitere Moospolster auf dem Silbertablett anordnen, Teelichter mit Heißkleber am Rand befestigen.

Mit dem Messer Einschnitte ins Moos machen und Geldstücke einstecken.

Marienkäfer-Stecker mit Band verzieren und einstecken (Stiele vorher passend kürzen).

Glückwünsche auf grünen Tonkarton schreiben, Schild ausschneiden, auf Zahnstocher kleben und ins Moos stecken.

Herzen, lauter Herzen ...

Blumengesteck

Geben Sie ein Deko-Herz aus Draht Ihrer Floristin und lassen Sie einen kleinen Rosenstrauß einbinden. Die gefalteten Geldscheine können Sie selbst einflechten.

Liebe verleiht Flügel

Sie brauchen eine herzförmige Blechdose (ca. 7,5 cm breit), EFCOLOR-Farbschmelzpulver in Rot, Haftmittel und Pinsel, ein Paar Engelflügel (18 cm, Fertigteil) und Satinband in Rot (ca. 60 cm lang, 1 cm breit). Deckel und Unterteil der Blechdose nach Anleitung mit Haftmittel bestreichen, dann rotes Farbpulver aufstreuen und ca. 15 Min. bei 150 Grad aufschmelzen.
Schriftzug „Liebe" mit goldenen Reibebuchstaben (10 mm) auf dem Deckel anbringen. Engelflügel mit Heißkleber unter der Dose befestigen, ebenso das rote Satinband. Aus rotem Tonkarton zwei kleine Herzen mit feinem Goldstift beschriften, ausschneiden und an die Bandenden kleben.

Rebenherz

Rebenherz mit frischen Efeublättern (oder Deko-Efeu) füllen, mit großer weißer Schleife (ca. 60 cm lang, 5 cm breit) und zwei weißen Deko-Tauben dekorieren. Das wertvolle Innere enthält einige 20 DM-Scheine.
Zum Aufhängen weißes Satinband (ca. 1 m lang, 1 cm breit) anbringen.

Transparentes Herz

Ein teilbares Herz aus durchsichtigem Kunststoff mit roten Rosenblättern füllen und mit Efeuranke, zusammengerollten Rosenblättern und 20 DM-Scheinen, die jeweils mit dünnem Golddraht umwickelt werden, mit einer großen Schleife aus weißem Organzaband (ca. 1 m lang, 10 cm breit) und ca. 50 cm roter Kordel dekorieren.

Für die Fahrt ins Glück

Material:
- Glanzkarton in Rot
- Tonkarton in Silber und Schwarz
- Schreibmaschinenpapier
- Filzstift in Schwarz (oder Computerdruck)
- Ca. 5 cm Tüllband in Weiß, 7 cm breit
- Ca. 2 m Satinband in Weiß, 0,5 cm breit
- Ca. 1,10 m Satinband in Weiß, 1 cm breit
- Ca. 1 m Satinband in Weiß, 4 cm breit
- Drei kleine Getränkedosen (Spielwarengeschäft)
- Klebepads
- Ein 100 DM-Schein

Aus rotem Glanzkarton Karosserie und Rückspiegel ausschneiden.
Fensterscheibenteil aus silbernem Tonkarton hinter die Karosserie kleben.
Für die Reifen jeweils zwei Kreise aus schwarzem und silbernem Tonkarton mittig übereinander legen, mit Klebepads am Auto befestigen.
Kleine Tüllschleife hinter Rückspiegel kleben, mit Klebepad fixieren.
Aufstellwinkel aus rotem Glanzkarton zuschneiden und auf Rückseite ankleben.
Glückwünsche auf Banner aus weißem Papier schreiben (oder mit Computer aufdrucken), Banner mit schwarzer Antenne festkleben.

Streifen aus dem 1 cm breiten weißen Satinband als „Straßenränder" auf die „Straße" aus silbernem Tonkarton (ca. 50 cm lang, vorne 15 cm, hinten 8 cm breit) aufkleben.
Die Dosen mit schmalem weißen Satinband am Auto anbringen, alles auf der „Straße" arrangieren und mit Klebepads fixieren.
Geldschein mit Klebepad auf „Straße" fixieren, Zierschleife aus 4 cm breitem Satinband anfertigen und ebenfalls mit Klebepad anbringen.

Immer ein Volltreffer ...

Material:
- ♥ Rundes Kuchengitter (ø ca. 35 cm)
- ♥ Je ca. 5 m Satinband in Blau und Rot, 1,5 cm breit
- ♥ Ca. 1 m dicke Kordel in Rot
- ♥ Ca. 60 cm Organzaband in Rot, 8 cm breit
- ♥ Ca. 40 cm Satinband in Rot, ca. 5 mm breit
- ♥ Zwei Schaschlikspieße
- ♥ Hologrammfolie (selbstklebend) in Silber, ca. 10 cm x 20 cm
- ♥ HOLZ-PENS (von Hobbidee) in Blau und Rot
- ♥ Tonkarton in Blau und Rot
- ♥ Filzstift in Schwarz
- ♥ Flaschenkorken, längs durchgeschnitten (oder Steckschaum)
- ♥ Ein 100 DM-Geldschein, neun 10 DM-Geldscheine
- ♥ Klebefilm, Klebepads

Beachten Sie bitte, dass Sie die Maße der Bandabschnitte an das von Ihnen verwendete Kuchengitter anpassen müssen!
Zum Einflechten der blauen und roten Bänder zunächst neun 30 cm und neun 24 cm lange Stücke zuschneiden.
Die längeren Bänder am zweiten Innenring des Kuchengitters einziehen, die kürzeren vier Ringe weiter außen.
Bänder nach außen durchflechten, dabei sollen zweimal je zwei Drahtringe sichtbar bleiben, am äußeren Rand nach hinten umlegen und mit Klebstoff verkleben.
Die 10 DM-Scheine passend zusammenfalten und in blaue Felder einstecken.

Den 100 DM-Schein auf einen Kreis aus blauem Tonkarton (ø 7,5 cm) auflegen, die Ränder nach hinten umlegen, mit Klebefilm fixieren und mittig auf die Scheibe kleben.
Aus dem Organzaband eine Schleife legen und mit dem schmalen roten Band verknoten.
Um den Rand des 100 DM-Scheins die rote Kordel mit Klebepads befestigen und mit den Enden die Schleife aus Organzaband festknoten.
Für die Pfeile Schaschlikspieße auf eine Länge von ca. 15 cm zuschneiden und mit den HOLZ PENS rot bzw. blau anmalen.
Je vier Herzen aus rotem und blauem Tonkarton ausschneiden, entlang der Mittellinie rechtwinklig abknicken und am Pfeilende ankleben.
Für das Griffstück aus Hologrammfolie je einen etwa 20 cm langen, vorne 4 und hinten 3 cm breiten Streifen ausschneiden und am breiten Ende beginnend um die Spieße wickeln.
Zum Einstecken der Pfeile die Korkenhälften auf der flachen Seite vorlochen und an den gewünschten Stellen von unten unter das Gitter kleben.
Aus rotem Tonkarton eine kreisförmige Doppelkarte schneiden, lochen, mit Glückwünschen beschriften und am schmalen roten Band festbinden.

Gut gewürzt in die Ehe

Material:
- ❤ Natur-Schöpfpapier („Hafer"), 30 cm x 30 cm
- ❤ Fotokarton in Weiß, 30 cm x 30 cm
- ❤ Wellpappe in Orange, 20 cm x 20 cm
- ❤ Tonkarton in Altweiß
- ❤ Muskatreibe
- ❤ 4 Muskatnüsse, Lorbeerblätter, Wacholderbeeren
- ❤ Bouillondraht in Silber
- ❤ Ca. 40 cm Seidenband in Orange, 2,5 cm breit
- ❤ Ca. 1 m Satinband in Orange, 1 cm breit
- ❤ Ca. 20 cm Satinband in Orange, 0,5 cm breit
- ❤ Filzstift in Orange
- ❤ Heißkleber, Klebepads, Stecknadel
- ❤ Ein 200 DM-Geldschein

Dekoration arrangieren und mit Heißkleber bzw. Klebstoff befestigen.
Für Glückwünsche das Schild aus weißem Tonkarton beschriften, ausschneiden und aufkleben.

Schöpfpapier flächig auf Fotokarton kleben. Zum Ausschneiden der fünfeckigen Grundplatte den Vorlagenbogen über Schöpfpapier und Tonkarton legen, die Ecken des Musters mit einer Stecknadel durchstechen, verbinden und das Fünfeck mit Cutter und Lineal ausschneiden.
Die Wellpappe mittig aufkleben. Muskatnüsse mit Bouillondraht umwickeln, mit einem Tropfen Heißkleber sichern, Drahtenden an Muskatreibe binden.
Aus dem breiten Satinband eine Schleife legen, mit schmalem Satinband zusammenziehen und vorne an Reibe festknoten.
Geldschein um Stiel der Reibe legen, mit einem Klebepad fixieren. Am Stiel das 1 cm breite Band anknoten.
Muskatreibe mit Klebepads auf Grundplatte fixieren.

Da habt ihr den Salat ...

Material:
- ♥ Große Salatschüssel aus Glas
- ♥ Großer, frischer Salatkopf
- ♥ 2 Schnecken aus Holz mit Stab (von HOBBIDEE)
- ♥ HOLZ-PENS (von Hobbidee) in Hellgrün, Orange und Schwarz (6 mm breit) und in Silber und Schwarz (0,5 mm breit)
- ♥ 4 Wackelaugen, ø 5 mm
- ♥ Ca. 2 m Satinband in Orange und Grün, 0,5 cm breit
- ♥ Schreibmaschinenpapier
- ♥ Silberstift, extrafein
- ♥ 2 Schaschlikspieße
- ♥ Klarlack
- ♥ Blumendraht
- ♥ Klebstoff
- ♥ Einige 20-DM Scheine

Die beiden Holzschnecken gemäß der Abbildung mit den HOLZ-PENS beidseitig bemalen, Farbe jeweils gut trocknen lassen, bei Bedarf zweimal anmalen, schwarze Konturen zum Schluss anbringen.
Stiele grün anmalen, nach dem Trocknen einkleben.
Für schönen Glanz und Langlebigkeit Schnecken am Schluss mit Klarlack überziehen.
Jede Schnecke mit einer kleinen, aufgeklebten Schleife aus Satinband verzieren, die restlichen Bänder unter die Schnecken binden.
Augen aufkleben.
Geldscheine in enge Falten legen, dann zu einem Fächer formen, mit Draht umwickeln und zwischen die Salatblätter stecken.
Schnecken in Salat stecken.
Schriftzug auf Banner aus weißem Papier schreiben (oder mit Computer bedrucken), an Schaschlikspießen festkleben und einstecken.

Viel Glück im neuen Heim

Material:
- ❤ Fotokarton in Weiß, 30 cm x 60 cm, mittig gefalzt
- ❤ Tonkarton in Gelb, 26 cm x 26 cm
- ❤ Kokos-Schöpfpapier in Grün, 26 cm x 18 cm
- ❤ Strohseide in Weiß
- ❤ Glanzkarton in Gold und Gelb
- ❤ Ca. 1,50 m dicke Kordel in Gold
- ❤ Ca. 50 cm dünne Kordel in Gold
- ❤ Etwas Tüllband in Weiß, 8 cm breit
- ❤ Feiner Goldfaden
- ❤ Bast in Schwarz
- ❤ 4 Wackelaugen, oval, 6 mm
- ❤ Ca. 1 m Organzaband in Gelb, 4 cm breit
- ❤ Deko-Blüten
- ❤ Alpengras oder Bast in Grün
- ❤ Klebstoff, Klebepads, Heißkleber
- ❤ Einige 20 DM-Scheine

Das oben gerissene Kokos-Schöpfpapier flächig auf den gelben Tonkarton kleben, dann diesen auf die Karte kleben.
Den Bienenkorb aus goldenem Glanzkarton ausschneiden.
Dicke Goldkordel um den Bienenkorb wickeln und jeweils auf der Rückseite mit Heißkleber verkleben.
Geldscheine passend aufrollen und in den Einflugschlitz stecken.
Zwei Bienen aus gelbem Glanzkarton ausschneiden, mit der dünnen Goldkordel, Wackelaugen und darunter geklebten Bastfühlern verzieren.
Je zwei Flügelpaare aus weißer Strohseide ausschneiden und unter die Körper kleben.
Die Bienenfrau mit einem kleinen Schleier aus weißem Tüllband verzieren, mit dünnem Goldfaden zusammenbinden.
Alle Teile auf der Karte arrangieren und mit Klebepads bzw. Klebstoff befestigen, Karte mit Zierschleife aus Organzaband verschließen.

Turteltauben mit viel Herz

Material:
- 3D-Colorwellpappe in Gold, 42 cm x 30 cm, mittig gefalzt
- Schöpfpapier in Goldmarmor, 18,5 cm x 26,5 cm, flächig auf weißen Tonkarton aufgeklebt
- Tonkarton in Gold und Weiß
- Goldstift, extrafein
- Deko-Eheringe
- Deko-Rosenblüte aus Stoff, Deko-Efeuzweig
- Ca. 60 cm Tüllband in Creme, 5 cm breit
- Dünne Goldkordel
- 40 cm Zierband in Beige-Gold, 12 mm breit
- Klebefilm, Klebepads, Heißkleber, Lochzange
- Zwei 50 DM-Scheine

Den Tonkarton samt Schöpfpapier auf die Karte kleben.
Zwei Herzen aus goldenem Glanzkarton ausschneiden.
Zwei Tauben aus weißem Tonkarton ausschneiden und mit feinem Goldstift verzieren.
Die beiden Herzen übereinander kleben, Tauben und Ehering anordnen und festkleben, mit Schleife aus beige-goldenem Band verzieren.
Geldscheine zusammenrollen, mit Klebefilm fixieren und unter den Tauben ankleben, dann die Herzen mit Klebepads auf der Karte fixieren.
Tüllschleife mit Heißkleber unter die Rosenblüte kleben, Efeuzweig und Goldkordel ebenfalls mit Heißkleber anbringen und auf die Karte setzen.
Glückwunsch mit Goldstift auf weißen Karton schreiben, ausschneiden, lochen, dann an Goldkordel hängen.

Auch eine Möglichkeit, Wäsche zu waschen

(…wir empfehlen den Kauf einer Waschmaschine)

Material:
- Kleine Zinkwanne (ca. 15 cm x 5 cm)
- 3D-Colorwellpappe in Silber, 5 cm x 10 cm
- Fotokarton in Beige, 6 cm x 11 cm
- Holzleiste, 5 mm x 5 mm, ca. 25 cm lang
- Tonkarton in Weiß
- Filzstift in Schwarz (oder Computerausdruck)
- Ca. 20 cm dünne Kordel in Weiß
- Ca. 30 cm Organzaband in Blau, 4 cm breit
- Einige kleine Meringues (Schaumgebäck aus Zucker und Eiweiß)
- Lochzange, evtl. Metallöse
- Klebepads, Klebefilm, Klebstoff
- Drei 100 DM-Scheine

Für das Waschbrett mit Cutter und Lineal aus dem Fotokarton eine Grundplatte ausschneiden, drei Holzleisten passend zuschneiden und mit Klebstoff auf die Grundplatte kleben.
Rechteck aus silberner 3D-Colorwellpappe ausschneiden und dazwischen kleben.
Zwei 100 DM-Scheine zusammenfalten, mit Klebefilm fixieren und zur Hose zusammenfügen.
Den dritten 100 DM-Schein zu einem T-Shirt zusammenfalten und mit Klebefilm verkleben.
Text auf Anhänger aus weißem Tonkarton drucken oder schreiben, Schild nach Belieben ausschneiden, mit Lochzange lochen, evtl. Metallöse anbringen.
Waschbrett in Zinkwanne stellen, „Schaum" arrangieren, Hose und T-Shirt mit Klebepads befestigen.
Anhänger mit weißer Kordel anbringen und mit blauer Schleife verzieren.

Bares zum Abreißen

Material:
- ❤ Notizblock in Natur zum Aufhängen
- ❤ 2 Herzen, Kanne und Tasse aus Messingblech
- ❤ EFCOLOR Farbschmelzpulver in Rot, Haftmittel und Pinsel
- ❤ Ca. 60 cm Zierborte in Rot
- ❤ Ca. 20 cm Kordel in Rot
- ❤ Ca. 30 cm Rupfen-Gitterband, 5 cm breit
- ❤ Filzstift in Schwarz
- ❤ Klebepads
- ❤ Einige 50-DM Scheine

Messingteile nach Anleitung mit Haftmittel bestreichen, rotes Farbpulver aufstreuen und im Backofen ca. 15 Minuten bei 150 Grad schmelzen.
Rote Zierborte um den Rand der Grundplatte herum festkleben.
Große Schleife aus Rupfenband legen, mit roter Kordel oben in Öse festbinden.
Herzen und Deko-Teile mit Klebepads anbringen.
Glückwünsche auf erste Seite des Notizblocks schreiben.
Geldscheine passend falten und im Block mit Klebepads befestigen.